LA PALESTINE

DISCOURS

DU

R. P. DIDON

PRONONCÉ

dans l'église Saint-Antoine

A COMPIÈGNE,

Le 10 juillet 1883

PUBLIÉ

Par *L'ANNÉE DOMINICAINE.*

PRIX : 0 FR. 50   PRIX : 0 FR. 50

AUX BUREAUX DE L'ANNÉE DOMINICAINE
19, rue du Cherche-Midi.
PARIS

LA PALESTINE

DISCOURS DU R. P. DIDON

À COMPIÈGNE, LE 10 JUILLET 1883

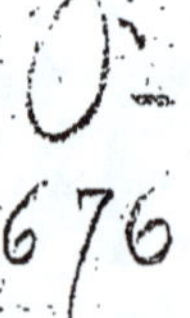

LA PALESTINE

DISCOURS DU R. P. DIDON

PRONONCÉ DANS L'ÉGLISE DE SAINT-ANTOINE

A COMPIÈGNE

Le 10 Juillet 1883

MES FRÈRES,

Il y a quelques mois, à la veille d'un grand voyage, d'un saint voyage, devrais-je dire, je promis au Curé de Saint-Antoine (1) de vous raconter à mon retour ce que j'aurais vu en Terre-Sainte. Cette promesse me coûtait un peu, parce qu'elle me faisait sortir d'une vie de silence. Mais quelque chose a été plus fort en moi que le sacrifice qui m'était demandé, c'est la reconnaissance et l'amitié.

Je suis revenu de ce long voyage. J'ai parcouru la Palestine à cheval pendant plusieurs mois, j'ai vu son sol, j'ai remué ses ruines, j'ai longuement regardé sa belle lumière et interrogé ses horizons, j'ai baisé les traces de Celui que tout chrétien adore ; je suis allé à Béthléhem, à Jérusalem, sur le mont des Oliviers, à Béthanie, à Jéricho, sur les bords du Jourdain, à la mer Morte, à Nazareth, à Tibériade, au Thabor, à Naïm, à Canna, à Capharnaüm, à Césarée, au pays de Tyr et

(1) M. l'Abbé Lécot, Chanoine honoraire de Beauvais.

de Sidon, dans tous les lieux enfin que le Christ a
consacrés. Depuis mon retour, je vis de ces souvenirs, je rumine les idées qui ont jailli pour moi
de cette terre divine ; j'ai fixé et analysé mes impressions, je me suis enivré de ce que j'ai vu,
observé et senti ; j'ai évoqué tout ce qui est entré
profondément dans mon âme, tout ce qui a donné
des tressaillements à ma foi, et renversé ce qu'il y avait
d'interrogateur et peut-être d'audacieux dans ma raison. — Et pourquoi, mes Frères ? Tout d'abord, afin
d'accomplir la promesse que j'avais faite et qu'il m'est
doux de tenir aujourd'hui.

Je ne me doutais guère qu'en rompant pour la pre-
mière fois un silence de plusieurs années, je devrais
parler de la Terre-Sainte, et en parler ici. Il y a seize
ans que je connais Compiègne, seize ans que, jeune
prédicateur, je parus dans cette chaire pour évangéliser
des premiers communiants, et aujourd'hui je m'y retrouve comme un soldat qui a goûté l'enivrement et
l'angoisse des grandes batailles et qui revêt sa chère
armure, après l'avoir laissée longtemps au repos.
J'éprouve un trouble secret en ressaisissant mon
épée de combat, et j'oserai — sans forcer en rien mon
sentiment — j'oserai vous prier de me pardonner, si
elle tremble parfois dans ma main. Mais je la consa-
cre aujourd'hui à une si sainte cause que, malgré mon
émotion, je me rassure. Tout à l'heure, en écoutant
les artistes qui ont prêté leur concours à cette solen-
nité (1), j'ai senti comme une inspiration divine tom-
ber en moi : à force de religieuse harmonie, ils
m'ont fait sentir Dieu, c'est le plus bel éloge que je
puisse leur adresser. J'espère bien ne pas trahir un
tel élan ; et je ne crois pas dépasser la mesure dans la
louange, en disant que le meilleur de mon discours
viendra d'eux et un peu de vous.

(1) M. Pugno, organiste de l'église Saint-Eugène, à Paris, et
M. Mariotti.

Il y a deux questions qu'on adresse à tout voyageur, et que j'ai recueillies cent fois, peut-être, sur les lèvres de mes amis, depuis mon retour de Palestine : Qu'est-ce que le pays d'où vous venez ? Qu'est-ce que vous y avez senti ? Ces deux interrogations se lisent dans vos yeux, et il me semble que je vous entends me dire tout bas à moi, voyageur aux lieux saints : Vous avez vu la Palestine ? — Oui. — Vous y avez passé de longs jours ? — Oui. — Comment vous est-elle apparue ? Qu'est-ce que vous y avez observé et éprouvé ? — C'est à ces deux questions que je m'attacherai exclusivement, et c'est autour d'elles que se grouperont tout naturellement les pensées de ce simple entretien. Trop heureux s'il m'est donné de faire apparaître, de loin, à vos yeux, comme dans une sorte de projection lumineuse, cette terre sans pareille. Trop heureux, encore, si je réussis à vous communiquer mes propres émotions, mes propres idées. En fait d'émotions saintes, je n'en ai nulle part éprouvé de plus profondes ; en fait d'idées religieuses, je n'en ai jamais vu luire dans ma conscience avec une plus saisissante clarté.

Si vous voulez voir la Palestine, déployez en imagination une mappemonde planisphérique où se projette, sur un plan uni, l'immensité des continents. Regardez au milieu, à l'orient du beau lac méditerranéen dont le flot baigne les plus grands rivages : l'Asie, l'Afrique, l'Europe ; là, au point le plus ensoleillé, vous verrez une langue de terre : c'est elle, la Palestine. Au premier coup d'œil, elle paraît admirablement dessinée par Dieu. Ce n'est pas un terrain vague dont les frontières peuvent s'étendre à la volonté d'une puissance politique ou religieuse. Non ! C'est une région strictement déterminée. L'homme ne peut ni l'agrandir, ni la rapetisser ; elle est forcément ce que Dieu l'a faite. A l'Ouest, la mer la limite : on ne recule pas la mer. Au sud, le désert : on ne conquiert pas le désert. Au Nord, le Liban et les cimes neigeuses de l'Hermon : on ne supprime pas les montagnes ; on les creuse, on les tourne, mais on ne les supprime pas. A l'est, enfin, le Jourdain : il roule ses flots rapides dans le creux d'une vallée large et profonde, vrai fossé de circonvallation, qui met entre la Palestine et les pays de l'Orient une infranchissable barrière. La dépression est immense, c'est la plus grande certainement qui existe sur notre sol planétaire ; la vallée du Jourdain s'abaisse à deux cents mètres au-dessous du niveau de la Méditerranée, si on la prend au sommet-nord, vers le lac de Tibériade, et à quatre cents mètres, si on la prend à la Mer-Morte ; et comme on ne reculera pas la mer, comme on ne conquerra pas le désert, comme on ne nivellera ni ne supprimera les montagnes, pareillement on ne comblera pas la vallée du Jourdain. Telles sont les limites grandioses tracées par Dieu d'un doigt souverain entre lesquelles s'étend ou mieux se resserre la Palestine. Humble contrée, s'il en fût, à ne regarder que l'espace, — elle est un peu plus grande que l'Ile de Corse — elle tient toute entre trois degrés de latitude nord et deux de longitude est, elle mesure treize cents lieues carrées ; mais ce sol étroit est un sol prédestiné, il est sous le coup d'une lumière magique : c'est un pays lumineux.

Chose étrange ! ce lambeau de terre qui, à raison de son exiguité et de ses bornes, ne peut rien être, au point de vue matériel et terrestre, ni un grand empire, ni une grande république, et qui, dès lors est condamné à l'infériorité politique, ce lambeau de terre a été le point de rencontre de tous les grands empires et le chemin sanglant de leurs armées : les Egyptiens ont passé là ; les Assyriens, les Mèdes et les Perses y sont venus à leur tour ; les Grecs y ont paru avec Alexandre ; Rome a fait plus que passer, elle s'y est établie, étendant jusque-là la grande aile de ses aigles. La Palestine est comme le carrefour de l'humanité ; c'est là que se croisent les religions, les races, les peuples, les civilisations en mouvement.

Un jour, entre la grande domination de l'Islam et la religion divine du Christ, un choc immense, fatal, sanglant doit avoir lieu : ce petit coin de terre est le théâtre de la rencontre. C'est là, mes frères, que le cimeterre et la croix se sont mesurés, et se mesurent encore ; là que les Croisés, l'épée au poing et la croix sur la poitrine, ont révélé le type superbe du chevalier chrétien, du soldat armé par la religion pour la justice. C'est là enfin qu'a été donné, au siècle des croisades, le plus grand exemple de la foi toujours prête à combattre, quand il s'agit de la conscience et du droit, de la foi qui sait frapper, seulement pour secourir la faiblesse opprimée.

Mais il est dans les plans secrets de Dieu que les choses humainement faibles aient de grands destins ; voilà pourquoi, malgré son infériorité apparente, la Palestine a été le berceau de deux grandes religions : l'une, de forme imparfaite, le judaïsme ; l'autre, de forme définitive, le christianisme. J'écarte ces choses sur lesquelles il ne m'est pas possible d'insister, et j'arrive à ce qui fait de cette terre un sol unique, privilégié, le point culminant de la planète, et le centre de l'humanité.

Quand vous voulez juger un pays, un sol quelconque, ne le regardez pas seulement au point de vue de la matière ; ne donnez la palme ni au pays le plus fertile, ni à celui qui mesure le plus d'étendue, qui a les plus hautes montagnes, les plus grands fleuves, ou les moyens de communication les plus faciles et les plus parfaits. Non, si vous voulez juger une terre, regardez la plante qu'elle a produit. Toute terre est un sillon ; car toute terre doit produire quelque chose. Ce qui lui donne sa valeur définitive, ce sont ses fruits ; la terre qui pro-

duira un fruit supérieur, sera supérieure, et vous esti-
merez toujours mieux le coteau fertile où mûrit le vin
généreux, que la plaine basse où pousse le jonc stérile,
propre tout au plus à engraisser les autres sols.

Eh bien, allez au fond des choses, passez en revue
tous les produits, comprenez que du sol terrestre doit
germer la plante humaine, et concluez hardiment : tant
vaut la plante humaine, tant vaut le sol où elle a germé.

Or, mes frères, il y a une plante humaine qui dépasse
toutes les autres ; elle a un nom que vous connaissez
comme moi ; le mot dont je me sers est un mot bien
humble, mais enfin pourquoi ne pas lui donner toute
sa signification, en disant que cette plante humaine
exquise, cette *racine*, ce *germe* caché, ce *rejeton*,
cette *fleur*, comme la nomme l'Ecriture, est le CHRIST,
et que le CHRIST, la plante humaine par excellence,
est sorti de ce coin de terre obscur ? Voilà l'hon-
neur de la Palestine. Elle n'avait évidemment pas
d'autre destination que de la produire. Jésus-Christ
est né là, sous un rocher, dans une grotte de Judée,
Bethléhem ; et il a grandi, inconnu et silencieux, dans un
repli des montagnes de la Galilée, à Nazareth. Nazareth est une ville, ou plutôt un village situé dans le
massif des monts qui bordent au nord la large plaine
d'Esdrélon. Ce village se trouve à peu près à 400 mètres
au-dessus du niveau de la Méditerranée. De petites collines nues, sans arbres, verdoyantes au printemps,
l'entourent : il s'élève en étages sur le flanc de l'une
d'elles, — la plus haute — d'où le regard embrasse un
vaste et splendide horizon : à l'orient, les montagnes
bleues de Moab ; à l'occident, le Carmel et la Méditerranée ; au nord, la haute Galilée avec les âpres sommets
du Djermak ; au midi, le Thabor, les monts de Gelboë
et la Samarie. On ne voit pas la Judée, on la pressent.

C'est là qu'a grandi Jésus-Christ. Après avoir été
cueilli en quelque sorte sur le rocher, à la pointe d'une
petite colline perdue, anonyme, dans les montagnes de
Judée, il a été transporté à travers le désert, aux pieds
du sphynx et des pyramides, puis, sur la montagne, —

certaines plantes viennent mieux, quand on leur fait respirer l'air des montagnes, — et Jésus y a passé trente années, sans mot dire ; à l'heure marquée, à trente ans, il descend dans la vallée du Jourdain, au bord du lac de Tibériade. Là, sur cette petite mer tranquille, le long de ses rives, il jette son plus doux éclat, et il va vers la sombre Judée, à Jérusalem, consommer dans la mort cette vie publique, centre et soleil du monde, vers laquelle nous regardons toujours, quand nous voulons voir le sublime, l'idéal, le divin.

Remarquez-le, depuis qu'elle a produit son fruit, ce qui prouve bien qu'elle n'était pas destinée à autre chose, cette terre a fait comme tous les sillons, elle s'est desséchée. La Palestine aujourd'hui — et quand je dis aujourd'hui, c'est depuis plus d'un millier d'années que je devrais dire — la Palestine n'est plus qu'une terre triste et désolée, une terre qui se meurt, qui est morte.

Voulez-vous que je vous en fasse la peinture ? Quand on arrive à Jaffa, — c'est ordinairement là qu'on débarque, en venant de l'Occident, — on aperçoit, au premier plan, une ligne jaune ; c'est le sable du rivage. Un peu plus loin et au-dessus, à l'horizon, de grandes masses bleues ; ce sont les montagnes de la Judée, à l'est, et celles de Samarie plus au nord ; entre cette ligne bleue et cette ligne jaune, une large bande verte, c'est la plaine de Saron. Il faut traverser toute cette plaine pour atteindre aux montagnes de Judée. A mesure qu'on s'engage dans les gorges et qu'on franchit des sommets plus élevés, la nature devient plus solitaire, plus sauvage, plus austère. On se voit bientôt enveloppé d'une sorte de désolation.

Ces montagnes ne ressemblent en rien aux montagnes de notre pays : ce ne sont ni les Alpes avec leurs cimes blanches, si hardiment dentelées, ni les collines charmantes de Bourgogne, ni les ballons des Vosges, non : les montagnes de la Palestine ondulent comme des vagues. Elles s'élèvent et s'abaissent tour-à-tour, elles forment des mamelons arrondis et de petits vallons ;

quelquefois elles s'abaissent plus profondément et mettent un peu plus de temps pour se relever plus fières, et vous avez alors, au lieu de vallées étroites, de grandes plaines, comme celles de Zabulon et d'Esdrélon, ou des sommets à forme conique, comme certains pics d'Auvergne, ces vieux volcans éteints.

Mais quelque chose de divin domine tout ce tableau, c'est la lumière. Rien ne peut rendre la lumière de ce pays; celui qui n'a vu que notre occident avec ses brumes, ses nuages, sa pâleur, ses teintes grises, ses étoiles cachées dans son ciel bas ne saurait se faire une idée de la physionomie de la terre d'Orient; car, la lumière est l'âme de la nature, elle seule donne à un site, à un paysage tout son caractère. Je ne me doutais pas de ce qu'il y avait d'éclat dans cette clarté du ciel oriental; c'est un éblouissement. Les nuits elle-mêmes ne sont pas obscures. Nous avons, nous, des nuits bleues, mais d'un bleu sombre, et dans ces nuits on voit des étoiles basses qu'on croirait pouvoir toucher avec la main. En Orient, les nuits sont lumineuses; elles restent éclairées d'une lumière diffuse, d'une sorte de rayonnement dont on ne voit pas le foyer. Les étoiles sont perdues à l'infini; on dirait de petits soleils reculés au plus lointain de l'espace... Quand le plein jour tombe sur les rochers et les plaines, ces masses ont l'air de s'alléger, et de s'idéaliser sous le mirage des teintes; mais les lignes gardent une netteté parfaite. Les plans se superposent, sans se confondre, les horizons sont clairs et profonds, ils se déploient dans un ciel d'or, sans nuage, sans vapeur, sans limite. Je me suis laissé aller, je vous l'avoue, à l'enivrement de cette lumière orientale, et j'aimais à penser que le Christ, lumière des esprits, avait choisi pour patrie une terre toute de clarté.

Si vous regardez les villages, vous les verrez perdus, au sommet des collines ou suspendus à leurs flancs. Ils se ressemblent tous; c'est une masse grise, un groupe de petites maisons carrées, sans toiture. Elles ont à peu près l'apparence quadrangulaire d'un dé monumental; les dés se rejoignent; ils sont percés de petits trous qu'on appelle des portes et des fenêtres. De loin, on dirait une ruche colossale avec ses alvéoles. Ce sont, en effet, de vraies ruches humaines. Ils ont l'aspect misérable. Et pourtant, rien de plus poétique, de plus séduisant pour l'imagination que leur silhouette lointaine éclairée par ce rayon magique qui, en Orient, donne à tout, aux guenilles même et à la misère, un trait artistique. Mais n'approchez pas ; car le mirage disparaîtrait et vous ne verriez plus que des haillons sans poésie et une misère sans grandeur.

Toute cette terre Palestinienne est aujourd'hui une solitude profonde ensevelie dans un grand silence : les bruits qui emplissent notre vie et notre civilisation moderne s'éteignent peu à peu, quand on a franchi la grande mer. Plus d'industrie : on n'entend ni le sifflet des locomotives, ni le roulement des chars ; la fumée des usines n'obscurcit pas un coin du ciel ; toute la vie moderne disparaît là. Un silence de mort, comme dans nos nuits. Nos nuits sont tranquilles, celles d'Orient sont pleines du cri des chacals, de l'aboiement des chiens, et, malgré cela, elles restent plus muettes. Rien de l'agitation qui remplit nos villes et nos campagnes ; l'arabe multiplie les gestes ; mais il parle d'une gorge rauque et il chante à demi-voix. Les villes elles-mêmes sont solitaires ; vous ne voyez plus de routes et plus de voitures ; en fait de chemin, il n'y a que le sentier à travers champ et le lit des torrents desséchés. Quand il pleut, à la saison d'hiver, on rencontre des marécages, et il faut chevaucher le long des montagnes ; quand la saison chaude arrive, vous êtes dans une terre brûlée, calcinée, fendue partout en longues crevasses, et il faut marcher dans la poussière que soulève le pas des chevaux, et que le vent vous jette aux yeux. Vous rencontrez çà et là quelques types d'arabes ou de turcs, groupés en caravanes ; on vous salue d'un geste ou d'un mot, on vous regarde d'un œil fier ou défiant, et l'on passe. On a l'air d'ombres croisant d'autres ombres. On se retourne pour se revoir, un pli de terrain a déjà tout dérobé.

La terre est déserte : ici, nous avons les arbres qui sont comme le vêtement du sol et le signe réjouissant de sa vitalité. En Palestine, il faut dire adieu aux arbres; çà et là, seulement, quelques vieux chênes, quelques térébinthes, quelques caroubiers au feuillage luisant, des plantations d'oliviers tristes ou de figuiers, mais plus de forêts. Les montagnes sont nues, le rocher affleure de toutes parts. Entre leurs masses grises, un gazon plus ou moins abondant, mais toujours vert tendre au printemps. Entre les montagnes, les vallées se creusent étroites et solitaires; c'est à peine si on y rencontre de temps en temps, au mois d'avril, quelques femmes arabes qui s'en vont couper les rares arbustes et les buissons de chênes rabougris qu'elles chargent en fagots sur leur tête, pour les emporter au village.

Parfois, sur la cime des montagnes, vous apercevez un petit point blanc ; vous demandez ce que c'est; on vous répond : c'est un marabout, c'est-à-dire le tombeau d'un musulman plus ou moins renommé, parfois celui d'un vieux prophète, Samuel, Elie ou Moïse, ou des grands hommes de guerre, comme les Machabées. J'avoue qu'en parcourant ce pays et en observant tout ce qui tombait sous mes yeux, j'ai été envahi par un sentiment invincible, qui m'a saisi tout d'abord et ne m'a plus quitté : c'est une profonde et inénarrable mélancolie.

Assurément, lorsqu'on débarque, la foi dans l'âme, et qu'on se dit : là est la terre d'un Dieu, le sol que le Christ a foulé, la patrie où il a vécu et où il est mort, un tressaillement religieux vous secoue tout entier, mais on ne tarde pas à être ressaisi par une immense tristesse.

J'ai passé soixante jours dans ce pays; je l'ai parcouru deux fois, du Midi au Nord et du Nord au Midi, je l'ai parcouru avec d'autres voyageurs et je l'ai parcouru seul. Eh bien ! pas un jour je n'ai pu regarder dans ma conscience sans y trouver cette tristesse vague, inexorable, mêlée aux émotions de ma foi ; je sentais comme un poids douloureux qui m'opprimait. Une fois de retour, je me suis demandé à moi-même : pourquoi étais-tu triste? pourquoi silencieux et concentré? Je me suis expliqué bientôt la cause de mon impression : elle s'élevait comme une vapeur enivrante, sous mes pas, de la terre que je foulais : c'est une terre ruinée, désolée; une maison démeublée, abandonnée; une terre morte, un tombeau.

Analysez vos propres impressions, mes frères : avez-vous jamais pu résister à la mélancolie en face des ruines? Il en existe dans votre contrée, non loin de Compiègne, de grandioses, de célèbres, souvent visitées : je parle du château de Coucy; avez-vous pu jamais les voir sans tristesse? Et pourtant elles sont encadrées dans une admirable nature verdoyante, animée et cultivée! Celles de Palestine sont partout; la terre où elles s'accumulent est plus désolée qu'elles. Alors même qu'elle se couvre au printemps, ça et là, de champs de blé vert; on voit et on devine à la vue de colonnes mutilées, de maints débris amoncelés en tertre, on devine que ce tapis ondoyant est étendu sur des villes pour jamais détruites, comme un linceul.

Je n'ai pas visité l'Amérique, mais ceux qui l'ont vue avec ses forêts impénétrables, ses arbres immenses et sa prodigieuse végétation, parlent tous de la vitalité et de la joie qui s'empare de l'homme à la vue d'une terre vigoureuse. Au contraire, une terre morte vous donne l'impression de la mort : la Palestine est morte; le sol se détruit, la montagne ne produit plus de forêts, les sources tarissent, le rocher se dénude, et la lumière qui éclaire le paysage semble luire sur un tombeau ouvert.

Si du moins le pays était habité, l'homme vivant y porterait le mouvement et l'allégresse; mais où il y avait des villes, il n'y a plus que des bourgades; et à la place des villes peuplées de vingt-mille habitants, on ne trouve plus que des hameaux qui en ont à peine quelques centaines. Jérusalem, la capitale de la Palestine, n'a aujourd'hui que trente mille âmes; elle a l'air d'une ville funéraire avec ses maisons et ses coupoles grises. Les habitants eux-mêmes sont pauvres;

ils n'ont rien de ce qui fait la joie et la vie. Et si Jérusalem est ainsi, jugez de ce que doivent être les petits pays ! Quel aspect que celui des habitants de ces villages ! Sans fortune et sans éclat, ils vivent de peu, de ce qu'ils ont semé et récolté. D'autant moins actifs que leurs besoins sont plus restreints, ils s'en vont graves, nonchalants ; ils ont l'air plutôt de mourir que de vivre.

Dans un tel milieu, essayez donc de vaincre la mélancolie : pour ma part, je vous l'avouerai, je n'ai pas même essayé. La mélancolie prépare à voir en Palestine ce qu'il faut voir et à sentir ce qu'il faut sentir, elle sied bien à la réflexion, aux pensées graves ; elle tue en nous la légèreté qui empêche l'attention et le recueillement. Les idées, dans une âme triste, jaillissent plus vivantes, plus fortes, elles prennent, comme en peinture les figures sur un fond gris, un relief plus saisissant.

Je dois maintenant vous initier, si vous le voulez bien, à ce qu'il m'a été donné de savourer dans ma conscience et de voir dans mon esprit sous une lumière plus rayonnante.

Le premier sentiment que j'ai éprouvé en mettant le pied sur le rivage de la Palestine, c'est l'envahissement des souvenirs religieux. Ils se multiplient et se pressent en effet sur cette terre prédestinée depuis Abraham et les patriarches, avec lesquels Dieu parlait familièrement, jusqu'aux croisés dont le sang a coulé là pour Dieu. Mais tous ces souvenirs ont pâli bientôt devant une figure qui les éclipsait tous, tant elle m'enveloppait moi-même de sa lumière, de son attrait et de sa beauté.

En Palestine, on sent le Christ présent. Quand je me suis vu près des lieux où il a passé et vécu, où il a parlé, où il a souffert, où il a prié, il m'a été impossible de n'être point remué, comme si cet être se fût tout à coup dressé vivant devant moi.

A quoi tenait cet *effet de présence*. Pourquoi sentais-je là le Christ? Pourquoi étais-je, sans le vouloir, invinciblement incliné à me dire : Il est près de moi, je suis près de Lui? C'est qu'il y a dans cette terre merveilleuse *une puissance d'évocation*. Les choses disparues reparaissent comme par enchantement ; les choses oubliées revivent; les siècles qui nous séparent de ce qui n'est plus, s'écartent d'eux-mêmes ; l'être perdu dans un passé lointain se rapproche, et on se retrouve face à face avec lui. Pour bien comprendre ces faits psychologiques, il faut les éprouver, et savoir que les idées s'associent dans l'esprit et dans le cœur de l'homme, de même que les choses se relient et s'appellent dans la réalité. Or, tout être qui vit tient par mille liens à ce qui l'entoure ; nous tenons, nous, à la maison que nous habitons, au sol que nous avons foulé de nos pas, à la ville dont nous avons été les citoyens, au paysage qui a fait le fond de nos imaginations, de nos rêves. de nos pensées.

L'homme est éminemment complexe; il s'attache à tout, il projette partout ses racines, il marque tout ce qu'il touche de sa propre image. Plus une individualité est puissante, plus ses racines sont universelles et vivaces, plus elle saisit et transforme son milieu ; elle peut disparaître, mais le cadre qui l'enfermait, pour ainsi parler, demeure, et il est impossible de regarder ce cadre, sans que la figure vivante vienne aussitôt le remplir.

J'ai éprouvé cela à maintes reprises sur les lieux mêmes marqués par le Christ, immortalisés par un de ses actes ou une parole tombée de ses lèvres. Je n'oublierai jamais mon impression en pénétrant à Jérusalem : je me suis agenouillé au Saint Sépulcre devant la pierre de l'Onction — c'est la pierre qui marque l'endroit même où le Christ a été oint, après avoir été crucifié et avant d'être mis au tombeau. — Non, je n'oublierai jamais l'impression accablante qui me subjugua. — J'avais eu dans ma vie une scène douloureuse, aussi

douloureuse qu'elle puisse être : il s'agissait de ma mère ;
je m'étais trouvé en présence de la tombe couverte de
neige où elle reposait depuis un jour, sans qu'il m'eût
été permis de recueillir son dernier souffle ; j'ai ployé
les genoux devant cette tombe, je l'ai fait ouvrir, afin
de revoir celle que j'avais perdue, et de l'embrasser
morte au moins. Eh bien ! quand je me suis trouvé
devant la pierre de l'Onction — et je vous déclare
que je mets à nu ma conscience et mes impressions —
quand on m'a dit : c'est là que le Christ a été oint de
parfums avant d'être enseveli ; — je suis tombé à genoux, comme devant la tombe de ma mère ; mes genoux
se sont ployés, comme si un fardeau m'accablait et me
pressait les épaules pour me jeter à terre. Les larmes
ont monté à mes yeux. J'ai pleuré non pas sur un être
mort depuis deux mille ans, mais mort hier, et qui tenait à mon sang même et à ma vie.

En gravissant au matin le mont des Oliviers, des
flancs de la montagne, j'ai regardé Jérusalem éclairée
par les rayons du soleil levant, je me suis souvenu
qu'en ce lieu même les apôtres émerveillés à la vue du
Temple et de ses portiques, avaient dit à Jésus : « N'est-
ce pas, Maître, ce sont là de belles constructions ? » Et
que Jésus avait répondu : « Vous admirez ces édifices :
il n'en restera pas pierre sur pierre. » J'entendais ces
paroles, comme si elles étaient dites à l'heure même,
et comme si j'avais été un des disciples du Christ.
Voilà des effets de la puissance d'évocation.

Lorsque je suis parti pour la Galilée, en passant par
la Samarie, et en suivant la route de Jérusalem à Na-
plouse, je me suis arrêté au pied du mont Garizim, au
puits de Jacob, là même où Jésus fatigué s'était assis et
avait rencontré la Samaritaine ; je me suis souvenu
qu'appuyé sur la margelle du puits, Jésus avait dit :
« Femme, il viendra un temps, et déjà il est venu, où
l'on n'adorera plus en Garizim et en Jérusalem, mais
où on adorera le Père en Esprit et en Vérité. » — Il me
semblait entendre cette parole qui domine tout notre
monde et qui est devenue une des grandes lois de la

conscience humaine. Elle résonnait en moi avec une douceur infinie et je ne pouvais me dégager de l'impression dont elle m'enveloppait.

La grandeur et la beauté du site répondaient bien à cette scène touchante : à droite, le mont Ebal, dénudé et austère; à gauche, le Garizim verdoyant; au milieu d'eux, la vallée de Samarie grande ouverte sur le ciel du couchant, comme pour livrer passage à la parole du Christ vers ces terres d'occident où elle a porté la vie.

Quand j'ai été au bord du lac de Tibériade, mille souvenirs évangéliques se sont éveillés en moi, et, à la vue des pêcheurs arabes, je me suis rappelé que là Jésus disait à ses disciples : « Qu'est-ce que vous faites ?» Et que ses disciples lui répondaient, en nettoyant leurs filets : « Nous prenons du poisson; » et qu'alors Jésus leur répliquait : « Venez, laissez tout cela, je vais vous faire pêcher des hommes. » J'ai entendu ces paroles vibrantes dans ma conscience : n'avais-je pas, moi aussi, à cet appel, quitté ma barque et mes filets pour devenir un pêcheur d'hommes?

L'invisible présence du Christ, partout et toujours, obsède la pensée; et s'il arrive, en route, d'apercevoir à distance, au détour des chemins, sur le bord du lac, le long de la grève, à travers les champs de blé, sur le flanc des collines, quelque caravane en marche, on croit voir le Christ au milieu d'eux. N'est-ce pas ainsi qu'il voyageait, quand il était parmi nous ? Les sentiers sont les mêmes, les sites ont peu varié, les haltes se font à l'ombre des mêmes arbres, des mêmes rochers ou des mêmes *Khans*. Rien ne change en Orient, et cette persistance des moindres traditions contribue singulièrement à la vivacité des souvenirs et à la résurrection du passé.

Voici, au milieu de la plaine appelée le *Champ des Épis*, voici une colline à deux pointes verdoyantes, c'est le *Korn-Hattin* des arabes, le *Mont des Béatitudes* des chrétiens. Le Christ a immortalisé cet humble sommet. Il est venu s'y asseoir, il a vu autour de lui toute une foule, et c'est de là que sont tombées les paroles divines

que nous avons recueillies sous le nom de *Discours de la Montagne*. C'est de là que Dieu a enseigné le secret des béatitudes évangéliques. Gravissez ce mamelon solitaire; asseyez-vous, comme je l'ai fait moi-même, sur l'herbe où s'asseyait le Christ; recueillez-vous : vous entendrez encore les paroles du Maître; ses paradoxes divins vous sembleront immuablement attachés au sol que vous foulez; ils croissent là comme des immortelles, au milieu des fleurs dont le gazon est parsemé.

Cette terre palestinienne est vraiment douée de la puissance d'évoquer le Christ. Evoquer, c'est faire sortir de terre quelqu'un qui y est enseveli, faire descendre sur terre quelqu'un qui est au ciel, faire apparaître quelqu'un qui est loin, faire agir quelqu'un qui ne remue plus, faire vivre quelqu'un qui est mort : évoquer c'est tout cela. L'évocation est la tendance impérieuse de toute âme aimante. Ceux qui ont aimé sont seuls capables de la subir, et voilà pourquoi, sans un culte ardent du Christ, la Palestine est muette, elle ne frappe de sa baguette magique que ceux qui adorent, ceux qui aiment: ceux-là, elle les terrasse doucement, elle les enivre, elle leur donne vivant ce qu'ils cherchent. Ah! mes frères on a besoin d'expérimenter ces choses quelquefois dans sa vie. Vous qui n'avez pas vu cette terre, vous sentez, je le veux, le Christ dans votre foi ; il descend du ciel en vous par le Sacrement et par la grâce ; de cette demeure où nous pleurons, vous montez jusqu'à lui par la prière qui supprime l'intervalle entre la terre et le ciel; vous croyez qu'il y a un esprit qui vous visite : l'Esprit du Christ. J'ai senti cela, grâce à Dieu, comme vous, et cependant lorsque j'ai vu la Terre-Sainte, quand j'ai été sous le coup de cet effet de présence dont je vous parlais tout à l'heure, il m'a semblé que Jésus-Christ se révélait à moi sous une forme que je n'avais pas encore connue. C'était le Christ vivant, revêtu de son humanité rendue en quelque sorte visible. Je l'ai senti là : je l'ai senti dans sa chair et dans sa vie; je l'ai senti dans son judaïsme; je l'ai senti comme le fils de ce sol où il a voulu naître; je l'ai senti parlant sa langue avec une sorte d'accent étranger ; je l'ai vu monter, pour y prier, sur la montagne solitaire; je l'ai suivi sur cette montagne même; je l'ai trouvé à Capharnaüm, dans cette ville qui était la sienne, au bord de ce lac qui est resté le sien, sur lequel il aimait à naviguer et dont il a consacré les rives et les flots. Cette nappe d'eau lumineuse, tranquille, reflète partout l'image du doux Prophète de Galilée. Un silence absolu la couvre ; plus de villes sur ses bords, sauf Tibériade et deux ou trois bourgades misérables comme Medjel. Rien ne ride la surface unie de ses eaux, si ce n'est la brise du matin et du soir, et le rare sillage de quelques barques de pêcheurs. Elle est encaissée profondément entre les montagnes de Moab, à l'Est, et les hauteurs de Nazareth, à l'Ouest ; ces deux remparts abrupts se rapprochent au Sud, mais sans se réunir : ils laissent l'horizon ouvert dans la lumière. En regardant de ce côté, le Christ pouvait se dire : là-bas, au fond de ce ciel plein de clarté, là-bas est Jérusalem, la ville obstinée où il faudra que je meure. La croix et le calvaire devaient se dessiner à ses yeux et remplir tout cet horizon d'une vision funèbre. J'ai senti tout cela : c'est une des plus grandes impressions religieuses de ma vie. Évoquer Jésus-Christ ! Lui parler en quelque sorte ! Être un de ses compagnons ! Qui n'a pas éprouvé cela ne saurait s'en faire une idée. Dites-moi, vous avez aimé, peut-être, et dans la tristesse de votre amour brisé par la mort, vous êtes venu prier sur un tombeau, vous vous êtes agenouillé et vous avez prêté l'oreille comme pour recueillir les voix qui sont ensevelies là ; est-ce que vous n'avez pas conscience que l'être mort, et toujours aimé dans la mort, peut vous parler encore ? N'est-ce qu'un rêve ? N'est-ce qu'une imagination exaltée ? N'y a-t-il pas une action réelle qui produit cet effet dont vous ne pouvez méconnaître la réalité ? Eh bien! ce que l'on sent sur la tombe d'un être aimé, cet effet de présence irrésistible et subjuguant, on l'éprouve à l'égard du Christ dans toute la Palestine : car la Palestine, c'est sa terre, c'est son royaume; il était là, c'est sa maison, c'est son tombeau. Aussi, lorsque je me voyais pris de tristesse, je ne cherchais pas à me vaincre; je me disais : « Non, sois triste! Dans ta tristesse, tu écouteras et tu verras mieux. » Et j'entendais en effet tout l'Évangile retentir à mes oreilles, je voyais surgir la figure du Christ, j'apercevais mieux dans leur réalité positive les scènes évangéliques.

C'est ainsi que, sous l'influence d'évocation de cette terre, j'ai reconstitué le Christ, je lui ai donné la vie, j'ai fait le commentaire vivant et sur les lieux de l'Évangile, et toutes les phrases du livre divin sonnaient à mes oreilles comme des cloches qui m'apportaient les notes divines d'une langue que je ne connaissais pas! Je ne fais que vous traduire une impression vive, mais exacte : je n'y ajoute pas, sous l'effet d'une extase quelconque, l'ombre d'une exagération ; je ne traduis pas même ce que j'ai ressenti, car, si je le traduisais, je ne pourrais vous parler : l'émotion étoufferait ma voix; il est vrai que mon silence serait plus éloquent que toutes les paroles, et vous communiquerait à un degré plus vif encore le sentiment même qui me dévore, le sentiment de la présence, de l'historicité du Christ.

L'historicité du Christ : ce mot me fait songer aux Allemands. Comme j'allais en Palestine, afin de mieux connaître la vie du Maître, je me rappelai les docteurs d'outre-Rhin, qui ont trouvé moyen, entre autres choses, de suspecter la réalité du Christ, la vérité de son histoire. Evidemment, me disais-je, ceux qui ont osé mettre en doute l'historicité de l'Évangile n'ont jamais fait le voyage de Palestine que dans leur cabinet et dans les livres. Quand on a foulé cette terre, quand on l'a vue de ses yeux, quand on a respiré son air, quand on a parcouru ses sentiers, on ne peut pas ne pas être convaincu de la réalité historique du Christ : on ne voit que lui. Le bruit des armées, le choc sanglant des religions et des races, la gloire éblouissante des empires qui ont pu passer par là, tout disparaît. Le Christ surgit au-dessus de tout, et son historicité s'impose invincible-

ment, non par une démonstration logique — la démonstration logique est toujours infirme — mais par une
sorte de sentiment immédiat. La correspondance entre
les scènes racontées et les lieux qui en furent témoins,
entre le personnage et son cadre est telle que la réalité
des uns implique la réalité des autres. On est saisi par
cela comme par la lumière : vous ne démontrez pas
le rayon de lumière qui passe et éclaire, mais vous
dites : « Regarde, il t'illumine et il t'aveugle. » Mon
impression était d'autant plus forte que je venais de
l'Égypte. Là, j'avais vu les Pyramides des Pharaons, et
en comparant la Palestine avec l'empire du Nil, je me
disais : Voilà une étrange chose : les Pharaons
étaient une puissance immense ; ils commandaient à
des millions d'hommes ; ils ont bâti sur le sable du
désert des pyramides colossales, qu'ils voulaient éter-
nelles, tant ils tenaient à s'immortaliser ; — le Christ
n'a rien construit, rien ; il n'a pas élevé le plus petit
monument, posé la plus petite pierre pour qu'on se
souvînt de lui ; il n'a pas tracé le plus léger sillon ;
à peine a-t-il effleuré la terre. Eh bien ! les Pharaons
ont construit ces Pyramides tellement immortelles,
que les Pyramides demeurent et que les Pharaons
ont disparu, — et il a fallu des siècles et des prodiges
de science pour retrouver leur nom ; — et le Christ
qui n'avait pas une demeure à lui, qui a posé son pied
sur la poussière des routes où la multitude anonyme
passait, — le Christ est resté, il a laissé une trace
que non seulement les siècles respectent, mais qu'ils
creusent plus profonde.

Allez voir en Palestine, la petite ville de Capharnaüm, dont il a été un des habitants, et celle de Corozaïn
qu'il a évangélisée, ce ne sont plus que des monceaux
de ruines. Voilà une des traces du Christ indélébile,
immortelle. Il avait dit dans une heure de tristesse :
« Malheur à vous, villes, qui n'avez pas connu celui
qui vous était envoyé : vous disparaîtrez un jour. »
Et ces villes ont disparu ; et leurs ruines sont là comme
des cadavres au bord du lac où retentissait sa parole.

Aucune main ne relève ces mortes; elles tiennent au voyageur un langage émouvant; elles redisent le nom de celui qu'elles ont méconnu, vivantes, mieux que le sphynx colossal et muet, taillé dans la montagne même de Lybie, ne dit le nom de celui qui l'a sculpté.

La Palestine n'est pas seulement douée de la puissance d'évocation, elle possède encore à un très haut degré ce qu'on pourrait appeler, à défaut d'une expression meilleure, la *puissance de perspective et de vision*. Placé là, sur ce sol où le Christ a vécu, vous voyez mieux que de partout ailleurs ce qu'il y avait de divin en lui. Singulier phénomène : plus on regarde l'humanité vraie de Jésus, plus le Dieu se montre ; plus on met en lumière son anéantissement humain, plus aussi ressort avec éclat sa force divine et voilée. Laissez-moi vous dire comment la chose m'est apparue, non pas en docteur qui raisonne, discute, enchaîne ses idées sous forme de discours, mais en voyageur qui raconte, qui traduit simplement des impressions sincères.

J'étais sur le chemin, au bord du lac de Tibériade, tout entier sous le charme de l'effet de présence du Christ, contemplant, sans me lasser, sous sa forme réelle, celui que l'Evangile a décrit, le voyant tel qu'il s'était montré, simple Galiléen, habitant obscur d'une petite montagne de Nazareth, et vivant humblement dans la petite ville de Capharnaüm au bord d'un petit lac, semant çà et là une parole nouvelle, évangélisant les pauvres, guérissant les malades, rassasiant ceux qui avaient faim, appelant à lui ceux que le monde dédaignait. Et en songeant à cela, moi, disciple du Christ, mais disciple européen, moi, fils d'une civilisation qui tient la tête de l'univers, qui est le centre de la vitalité terrestre, je ne pouvais m'empêcher de faire une comparaison entre Jésus de Nazareth et le monde moderne. Comment, me disais-je, un être sorti des profondeurs de la vallée du Jourdain, peut-il exercer sur cette civilisation dont je suis le fils, une autorité comme celle dont il jouit ? car enfin, vous ne pouvez le méconnaître, la civilisation à laquelle nous appartenons sort, dans ce qu'elle a de plus grand et de meilleur, dans sa moralité et sa vertu, de ce Galiléen.

Je regardais aussi ce qui ne s'était pas rallié à lui : j'avais vu déjà, en Egypte, les fellahs et les africains, je voyais les musulmans en Terre Sainte, et j'étais frappé d'un phénomène. L'individu n'existe pas chez eux, tandis que, dans la civilisation occidentale, moderne et chrétienne, l'individu existe avant tout, avec ses droits, ses exigences, défiant toujours ou brisant l'oppression. Je constatais que, si l'individu existe chez nous, c'était en vertu d'un mot du Christ, d'une action émanée de lui. Je nommais la date de cette nativité ; je me disais : c'est le jour où Jésus a dit : « Vous êtes tous les fils du même Père qui est aux cieux, et par conséquent les frères d'une même famille. » C'est du jour où non seulement il a dit cela, mais créé dans les âmes un sentiment correspondant que l'individu est né, parce que ce jour-là la dignité personnelle, la valeur de l'âme devant Dieu même furent révélées au monde. Eh quoi, me disais-je dans ma conscience, ce Galiléen, cet être que je vois extérieurement semblable aux arabes qui sont là, a créé l'individualité ! Je regardais encore, et j'apercevais tous ces peuples et cette terre même qui l'avaient répudié, ces peuples inertes, couchés dans leur sillon, incapables de remuer et d'agir, brisés sous la fatalité terrestre et religieuse qui les écrase, accablés là comme ils l'étaient hier, comme ils le seront demain, et se laissant mourir ; — et, au contraire, moi chrétien, moi européen, fils de cette civilisation à laquelle j'appartiens, étranger au milieu de la Palestine, je pouvais m'écrier : Nous ne sommes pas inertes, nous, nous voulons acquérir, conquérir, améliorer, transfor-

mer terre et ciel, nous avons soif de lumière, d'action
et de vie ; et c'est ce Galiléen obscur qui a créé dans
l'humanité, la soif de la lumière, la soif de la liberté,
la soif d'affranchissement qui nous dévore ? Oui, c'est
lui, parce que créer l'individu équivaut à l'éman-
ciper. L'individu veut vivre, savoir, agir, se per-
fectionner dans la science et dans la vertu. Emu d'un
tel contraste, je mesurais la distance qui sépare cet
humble et pauvre fils de la Palestine, du mouvement
produit par lui ; je voyais dans cet occident la grande
société religieuse, l'Eglise catholique étendue à tous les
rivages, et couvrant toute la terre, sortie pourtant d'un
pauvre juif, méconnu par sa race, dédaigné par l'empire romain qui s'est à peine douté de lui, de son passage
terrestre et de sa mort ; et plus je regardais, plus
cela me paraissait incompréhensible ; ma foi, sans doute
tressaillait et voyait, mais ma raison stupéfaite et ter-
rassée disait : je ne comprends pas. Je considérais Moïse,
et je m'expliquais l'action de Moïse élevé dans toute la
sagesse des Egyptiens ; — je considérais les Pharaons,
et je comprenais bien qu'ils construisissent des Pyramides ; je regardais Alexandre, et je voyais bien qu'un
homme qui remue des armées peut bouleverser des peuples ; je nommais les Césars et il me semblait simple qu'ils
eussent asservi le monde ; je songeais à Mahomet dont
les soldats sont là, sur cette terre d'Arabie et de Syrie
conquises à la pointe du cimeterre, et je m'expliquais
bien son ascendant ; — toutes les grandes figures
de l'histoire passaient devant mes yeux ; — je comprenais bien le rôle des philosophes et je m'expliquais
que Socrate, Aristote et Platon eussent fait ce
qu'ils ont fait, puisqu'ils avaient à leur service une
raison supérieure. — Mais, ce Galiléen crucifié, comment avait-il pu faire, lui ? Naturellement parlant, cela
est incompréhensible ; car il n'y a aucun trait d'union,
aucune logique qui puisse rapprocher ces deux choses:
ce point de départ si humble, qui est le Christ, et cet
effet immense, qui est l'humanité bouleversée, régénérée
par lui. C'est ainsi, mes frères, que, dans cette vallée du

Jourdain, j'ai mieux vu la grandeur du mouvement humain et la trace de la main de Dieu parmi les hommes, que je ne les voyais du pied de ces pyramides où l'activité humaine seule peut étaler sa puissance. De là-bas je voyais qu'un Dieu seul pouvait expliquer ce que le Galiléen avait fait; et j'ai conclu hardiment : si un tel homme a agi ainsi, dans cet homme il y a Dieu.

Il n'y a pas d'autre explication possible ; qui la rejette se heurte fatalement à un fait sans proportion avec sa cause. L'effarement de ma raison s'est calmé dans l'adoration de ma foi. Oui, à mesure qu'on regarde de plus près la réalité humaine dans le Christ, on voit plus sérieusement et plus profondément aussi la force divine qui y est cachée ; et voilà le plus grand spectacle dont on puisse jouir en Terre sainte, pour peu que l'œil aime à interroger son horizon débordant de clartés terrestres et divines.

Il m'est arrivé souvent de communiquer à mes compagnons de voyage, ou à d'autres amis, le résultat de mes appréciations longuement senties. Si je parlais à des incroyants, je les arrêtais toujours sur le chemin de leur incrédulité : le Christ était, pour eux, au moins un point d'arrêt ; ils ne s'avouaient pas vaincus, terrassés ; mais toujours ils se sentaient ébranlés. Quant aux croyants, ils adoraient en tressaillant le Christ-Dieu qui, seul entre tous les êtres humains, n'ayant aucune des ressources terrestres d'où dépend le succès, anéanti au plus bas de l'infirmité, a pourtant seul accompli ce qu'aucun homme n'a pu faire ni seulement essayé d'accomplir.

Mais pourquoi faut-il que les hommes qui vivent comme nous de la grande civilisation chrétienne, ne sachent plus reconnaître la source divine d'où elle vient, la racine d'où a germé ce génie d'individualité qui fait le caractère dominant de notre vie occidentale et moderne ? Ils ont cueilli le fruit de l'arbre, qui est le Christ lui-même, ils en vivent et ils cherchent à déraciner l'arbre. Ne savent-ils donc pas que les fruits se consomment vite, et que tout ce qui est séparé de sa source tarit et bientôt s'épuise ?

Envahi par ces pensées, vous supposez bien que tout en étant pèlerin aux lieux saints, je ne pouvais oublier la terre que j'avais emportée à la semelle de mes souliers. La douleur des crises intérieures qu'elle traverse avait en moi un écho vibrant ; je voyais le principe de ses maux, la cause de ses incertitudes et de ses angoisses, et plus j'observais, plus j'entrevoyais avec une évidence irrésistible que le grand problème de la Société moderne est dans la vallée du Jourdain, au bord de son lac ; car c'est là que s'est trouvé le seul être dont la force puisse régler l'individu, sans l'opprimer.

Je voudrais dire cela, non pas seulement à vous, mais à tant d'autres qui ne sont pas là ; je voudrais leur rappeler que l'individualité humaine ne peut se suffire ; que, livrée à elle-même, elle manque de direction, et que toute individualité, sans direction, amène le trouble, engendre la discorde et crée les révoltés. Et que ferez-vous avec des révoltés, fussent-ils sans nombre ? Vous ne ferez ni des peuples libres, ni des peuples forts ; vous n'aurez, tôt ou tard, que des asservis, comme dans les vieilles civilisations païennes. Or, le Christ est le seul maître et le seul créateur de l'individualité ; et, par conséquent, il est seul capable de lui donner des lois pour la maintenir féconde et libre. En dehors de Lui, on est condamné à osciller entre l'esclavage oriental et la révolution occidentale. Il faut choisir. Il n'y a que trois termes : ou l'Orient avec son paganisme, son esclavage, sa mort ; ou l'Occident avec ses individualités sans frein, son irréligion, ses révolutions permanentes qui détruisent toujours et n'édifient rien ; ou le monde agrandi, rallié sous l'Esprit de Celui qui a fait l'homme libre en lui donnant la vérité et qui le rendra heureux en le gardant libre.

Vous comprendrez sans peine, mes Frères, quel attrait puissant me rattachait à cette terre divine, où je retrouvais Celui qui me semblait plus que jamais le Sauveur de mon pays et de l'Humanité.

Cet attrait m'inspire une dernière pensée : je vous la livre avec confiance, en terminant cet entretien.

Voyez aujourd'hui toutes les nations européennes qui représentent la grande activité civilisatrice : elles sont emportées par le mouvement colonial ; elles cherchent au loin des terres qui ne sont pas encore conquises à la civilisation, afin d'y apporter le bien-être et la science, dans les plis de leur drapeau. Il ne nous convient pas, à nous, Français, de rester étrangers au mouvement universel. Ces grands courants sont irrésistibles ; ils brisent l'obstacle. Nous avons, dans ce mouvement, deux infériorités : notre population est moins exubérante que celle d'autres nations, et nous sommes mieux chez nous ; mais, en revanche, nous avons, sous un autre rapport, une grande supériorité : nous sommes le peuple le plus ardemment chevaleresque et apostolique : cette force religieuse et apostolique compense notre insuffisance au point de vue de la population et elle remédie à cet excès de bien-être qui nous enchaîne au sol. Quand je regarde l'Orient, sur lequel je vois tous les yeux européens fixés : Anglais, Allemands, Russes, Italiens, Autrichiens, je ne puis me défendre d'une crainte, d'une angoisse patriotique. Si nous n'y veillons, nous qui gardons dans cette terre une si haute situation, nous serons certainement distancés ; mais, si nous le voulons, nous resterons les maîtres, non pas pour notre intérêt, mais pour l'intérêt général. Savez-vous ce qu'il faut ? Eveiller, utiliser notre génie apostolique. Je voudrais être une autorité pour dire aux jeunes apôtres, à la famille desquels j'appartiens : Regardons vers l'Orient ; allons prêcher par delà le Jourdain et la Mer Morte ; allons enseigner les Arabes qui attendent et qui ne demanderaient pas mieux que de recevoir l'instruction de la langue française ! Allons iplanter là-bas l'étendard de notre foi avec le drapeau de la patrie !

Je voudrais être aussi quelqu'un pour dire au gouvernement de mon pays : ne vous défiez pas de la force apostolique et religieuse ; elle est le patrimoine de la nation française ; n'en ayez pas peur, traitez avec elle ; laissez-lui ses libres allures, afin qu'elle travaille; elle aussi, à étendre le nom français et à garder notre rang dans le concert des nations européennes. La Palestine ! Il semble qu'elle soit notre lot particulier. C'est là que les croisés ont livré leurs grands combats, et il ne faut pas oublier que les croisés résumaient dans leur courage et leur foi tout le génie français ; il ne faut pas oublier non plus que c'est de l'âme de la France qu'est parti le cri qui a entraîné tout l'Occident vers la Palestine, et qu'en France on a toujours brandi pour la justice les plus vaillantes et les plus invincibles épées. Restons fidèles à ces traditions sublimes, et si les fils de Japhet doivent aller s'asseoir un jour sous les tentes de Sem, souvenons-nous que notre place est dans le pays du Christ qui aime les Francs.

PARIS. — IMP. V. GOUPY ET JOURDAN, RUE DE RENNES, 71

L'ANNÉE DOMINICAINE

REVUE MENSUELLE ILLUSTRÉE
Paraissant par Livraisons de 48 pages in-8° avec couverture

PRIX DE L'ABONNEMENT :

Sans le Supplément : 5 fr. pour la France ; 6 fr. pour l'Étranger.
Avec le Supplément : 6 fr. 50 — 7 fr. 50
Un numéro : 50 centimes.

Envoyer un *mandat-poste* ou 35 *timbres-poste* de 0,15 à l'adresse
de M. MERCIER, DIRECTEUR-GÉRANT, 19, RUE DU CHERCHÉ-MIDI, PARIS.

PARIS. — IMP. V. GOUPY ET JOURDAN, RUE DE RENNES, 71.

www.ingramcontent.com/pod-product-compliance
Lightning Source LLC
Chambersburg PA
CBHW051359060726
47596CB00005B/1988